Escritos da Coisa

João Falcato

Copyright © 2014 João Falcato

All rights reserved.

ISBN: 1503013456
ISBN-13: 978-1503013452

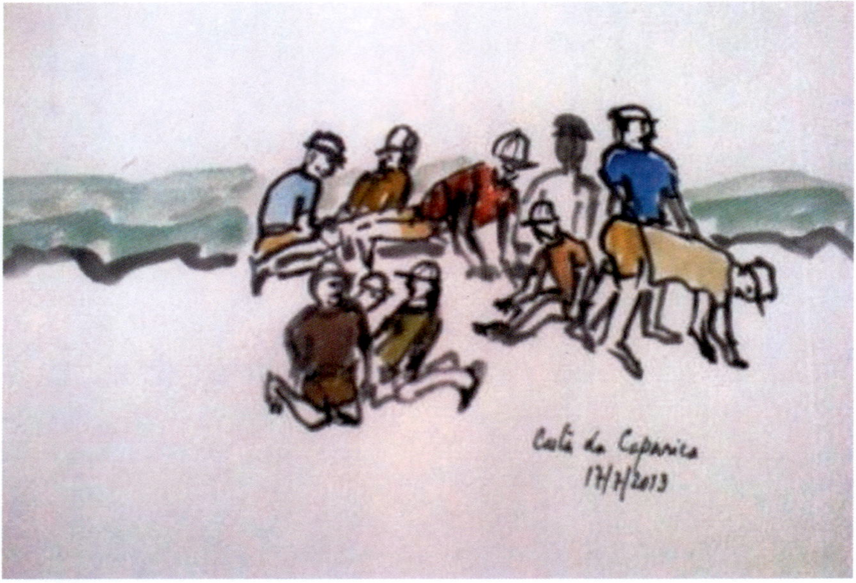
Costa da Caparica
17/7/2013

João Falcato

Escritos da Coisa

1 EXISTÊNCIA

Quantos sou eu?
Sério? Brincalhão? Ajuizado? Louco? Absorto? Atento?...?
Quantos sou eu? Ou não serei nada de nenhum?
Matemáticamente falando, serei um conjunto vazio, ou o conjunto dos números Reais?
Existo ou passo simplesmente?
Nasci, estou e morrerei.
Simples!
Ou não?

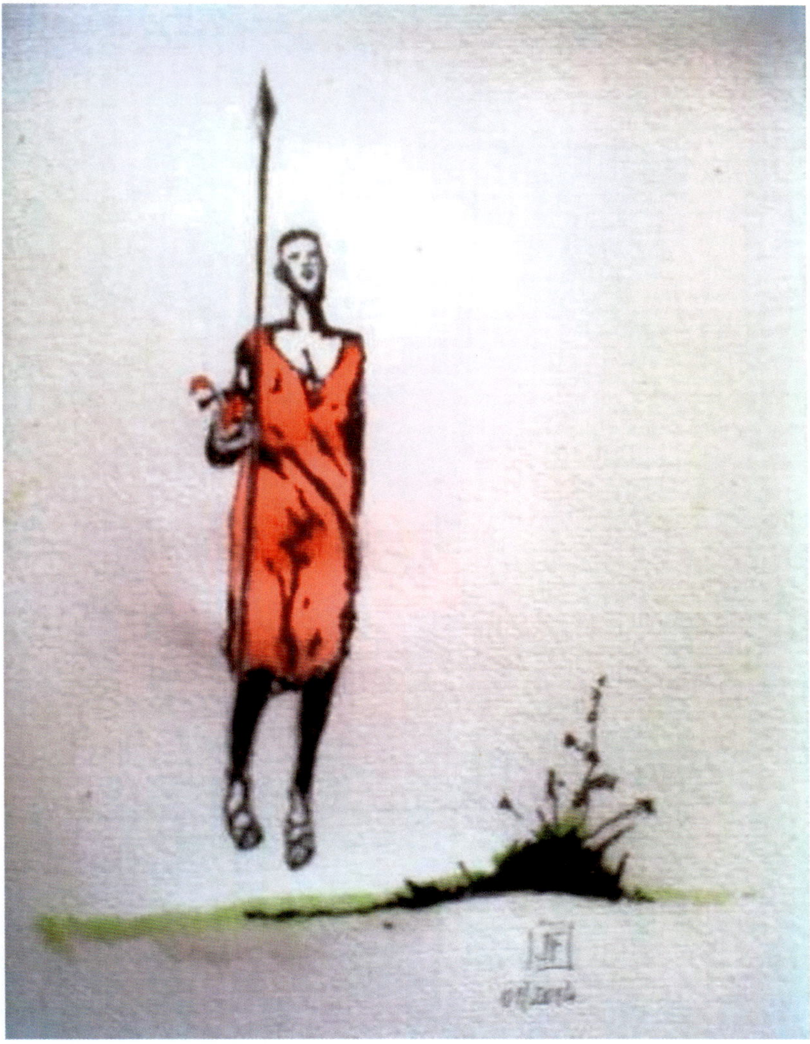

2 O MUNDO É...

Dizer que o mundo é redondo
dá uma ideia de suavidade
e ternura
que definitivamente não abunda.
Morrem crianças
com fome e sede de amor e carinho
enquanto caviares acariciam estômagos insensíveis.
Mais valia o mundo ser agreste,
espinhoso,
e de picos dilacerantes,
pois seria mais honesto e coerente.
Morrem crianças, mulheres e homens,
de fome de tanto...
Que caiam os falsos e os hipócritas,
que nos anunciam promessas de vidas melhores
e enquanto isso nos vão sangrando a vida, sugando-nos
a seiva já pouco encorpada,
ao contrário dos vinhos que lhes pagamos
com o nosso suor ensanguentado e sofrido.
Definitivamente o mundo deveria ter outra forma que não a redonda!

Escritos da Coisa

3 EMOÇÃO

Uma emoção é uma emoção.
um sopro de vento,
um murmúrio de rio,
um tom de céu,
uma canção...
uma emoção é uma emoção,
porque assim se supõe que seja.
Uma emoção é um pai emocionado,
cúmplice, companheiro...
Uma emoção é algo sem medida,
sem classificação...
porque é uma emoção e essa não se mede:
sente-se!

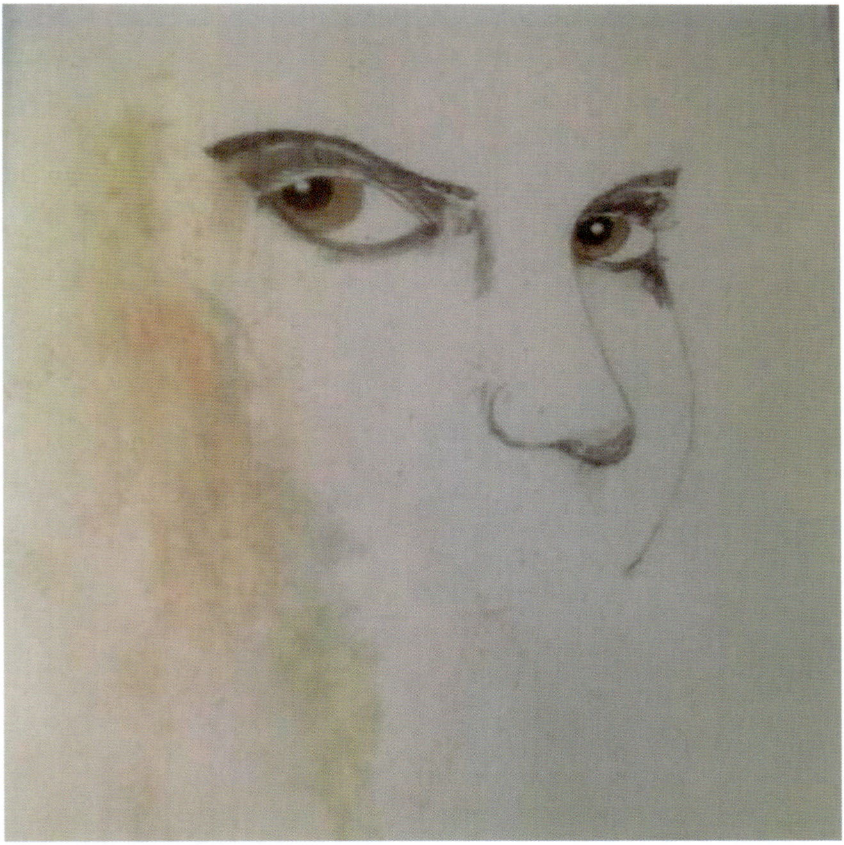

João Falcato

4 SIMPLES MORTAL

A águia abriu as asas
E levantou voo
Em direcção aos céus
Onde os meus sentidos
O sentem planar.
Voa, águia de asas azuis
E guarda-me lugar na EPA celestial.
Os PA's não morrem. Voam mais alto!

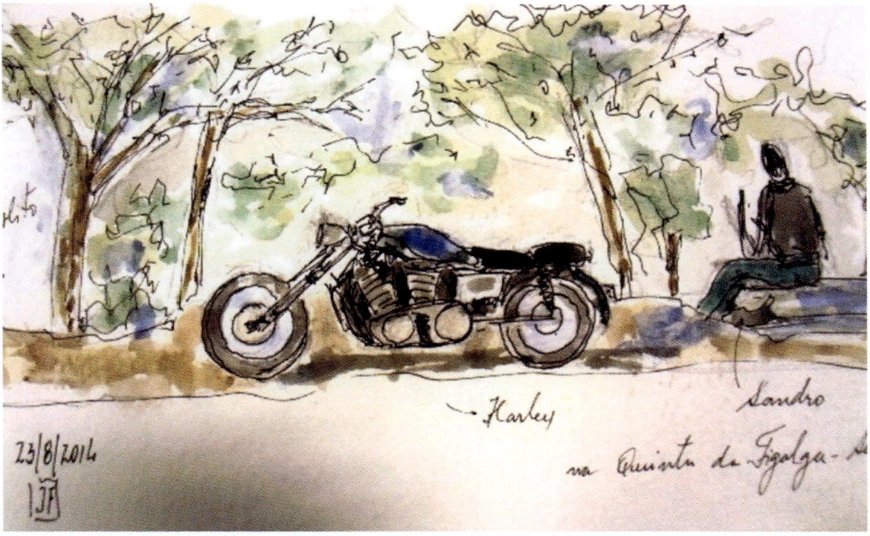
Harley
Sandro
23/8/2014
na Quinta da Figalga -

5 MÁSCARA

Sou um palhaço?
Se visto as faces alegres
Com um sorriso sincero,
Se dou gargalhadas
Para abafar o som da tristeza,
Se à minha volta
Os risos forem rios sem fim,
Mesmo que o espelho da vida
Possa reflectir uma imagem diferente.
Quem ama a alegria mais que a tristeza,
Mesmo que seja imensa é - felizmente! - um palhaço?
Então chamem-me palhaço, por favor!
Outra coisa não quero ser
Até que a morte me roube para sempre
A máscara da alegria.

Escritos da Coisa

6 ASAS

Dormes como se o tempo não tivesse asas.
Ficas-te pelas vontades sem luta,
como se o tempo parasse na tua lapela.
Roubas os anseios de quem caminha lado a lado com os minutos.
Ergues a soberba como se o tempo te fosse paralelo.
Deixas os sonhos adiados, como se tivesses tempo eterno.
    Julgas-te Shogun da ampulheta e afinal... também te esvaies como a areia naquele orifício de vidro estreito mas implacável.
    Viver será isso? Esquecer que o tempo terminará sem pena de quem se esqueceu de viver um pouco?

Escritos da Coisa

7 DESISTO

Desisto!
Contrariado,
mas mesmo muito contrariado e até zangado com a Mãe Natureza, mas desisto!
Os pêlos brancos que nasçam modo quiserem.
Já não luto mais!
Arranquei-os, queimei-os, matei-os, cortei-os...
E tudo à frente dos outros que cá ficaram e mesmo assim voltaram a nascer sem qualquer temor.
Desisto desta luta e resigno-me.
Talvez até sirvam para me dar mais charme...

RUA DO NORTE
LISBOA
(Bairro Alto)
27/8/2014

8 HOMENAGEM

Talvez tenhas agora o fresco dos céus,
e o alívio das dores que o homem te infligiu.
Talvez agora, bombeiro, possas empurrar as nuvens de chuva
 e consigas acalmar o sopro do vento que martiriza os teus companheiros.
Talvez agora recuperes o sorriso;
esse que se ganha com a excelência; nem que seja a da morte.

Escritos da Coisa

9 CONSTATAÇÃO

Dormes como se o tempo não tivesse asas.
Ficas-te pelas vontades sem luta,
como se o tempo parasse na tua lapela.
Roubas os anseios de quem caminha lado a lado com os minutos.
Ergues a soberba como se o tempo te fosse paralelo.
Deixas os sonhos adiados, como se tivesses tempo eterno.
Julgas-te Shogun da ampulheta e afinal... também te esvaies como a areia naquele orifício de vidro estreito mas implacável.
Viver será isso? Esquecer que o tempo terminará sem pena de quem se esqueceu de viver um pouco?

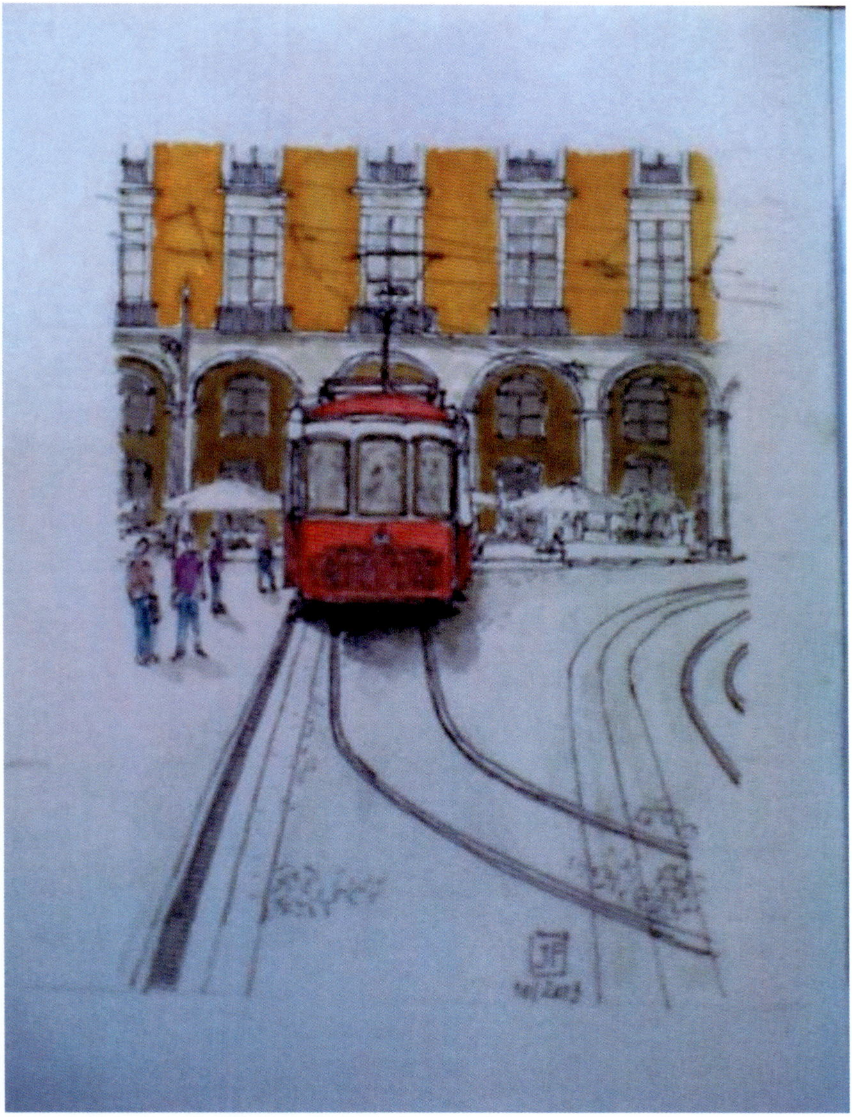

10 PAI

Não! Não são lágrimas!
Não é água de sal que me cai do olhar, nem flor de sal que se junta a meus pés;
não é dor nem saudade;
não é mágoa nem tristeza.
Não! Não são lágrimas de mar, nem mar de lágrimas pela ausência;
nem tampouco é raiva pela partida.
É apenas e só um filho sofrido que já não tem pai e que teima em não o esquecer.
Faz hoje anos que faleceu aquele de quem tenho imenso orgulho em chamar pai.
Aquele que me ensinou a lutar, a não desistir,
aquele de quem herdei o orgulho, a capacidade de improviso;
aquele que amava a família como ninguém;
aquele que guardo na gaveta especial do coração.
Mais logo serei sorrisos, mas agora sou choro e cores esbatidas.
Um beijo grande, meu pai e desculpe estar a chorar.

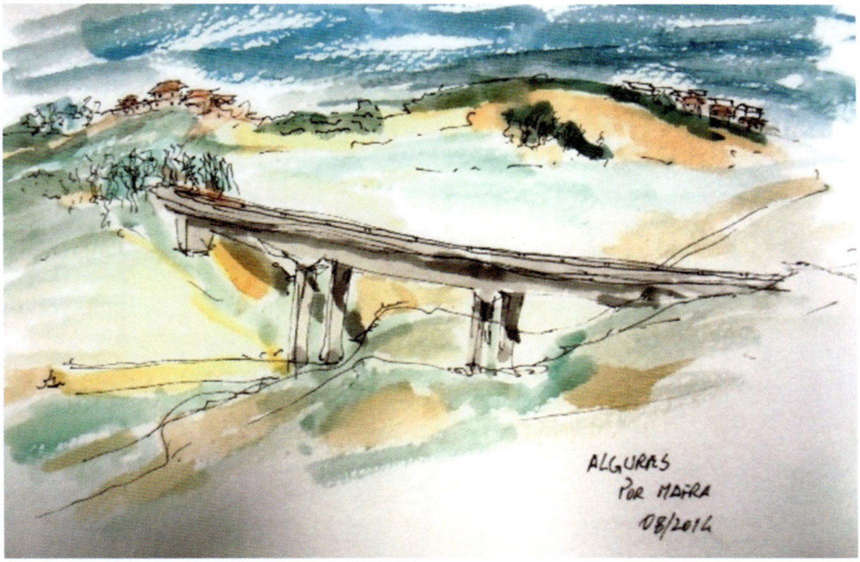
ALGURES
POR MAFRA
08/2014

11 SAUDADES

Tenho saudades do meu pai e dos amigos que também faleceram; tenho saudades dos que já não vejo há muito e também dos que vi há pouco tempo: tenho saudades da serra, do mar, do campo... Tenho saudades de risos, conversas, brincadeiras...enfim... tenho saudades de todos e de tudo o que me enche de alegria.
Sonhem, por favor.

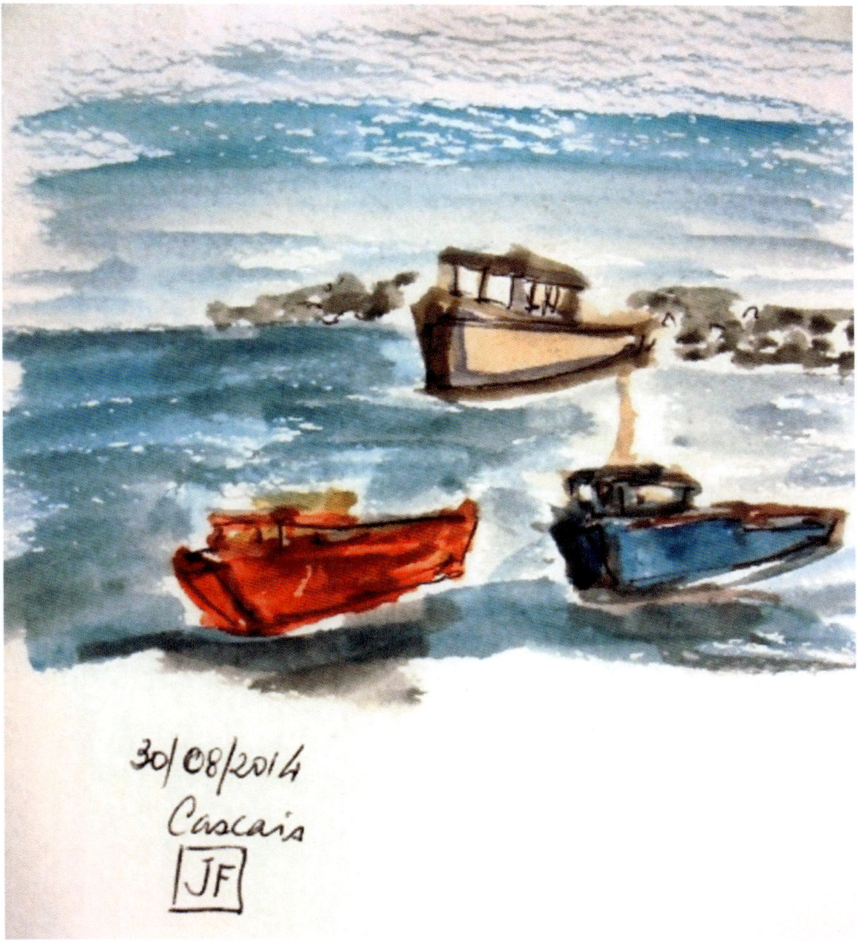
30/08/2014
Cascais
JF

12 ENGORDA

"O que não mata, engorda"!
Engorda-me a amizade;
a sã convivência;
a paciência;
a tranquilidade;
o pôr do sol;
o nascer do mesmo;
o místico luar;
os sons do campo e da serra:
o aroma da terra;
o sorriso
e também a falta de siso;
o mar;
a música;
os amigos;
o constante aprender;
as brincadeiras;
os momentos de exaltação;
o ferro;
a madeira;
a cultura
e também a sã loucura.
    E neste sem fim de emoções, adormeço com o silêncio que me purifica o corpo e a alma, unidos em harmonia. Completam-se os ciclos, as fases, as dimensões da existência. Conjugo-me com o que me rodeia: seja o vento, seja o brilho solar.
    Caminho na esperança, na tentativa de concretização de anseios, de desejos...

Escritos da Coisa

13 A MINHA VIDA

A minha vida é uma linha recta, composta, como a linha geométrica, de infinitos pontos a que eu chamo momentos.

Cada um deles trazem alegrias, dores, ensinamentos e todos eles são a minha essência.

Todos os dias, no final de cada um deles, acrescento mais um pouco à linha que nasceu comigo e que me acompanha como uma sombra, da qual não posso - nem quero! - dissociar-me.

É o meu passado em união com o meu presente, sou eu e o meu passado em união, em sintonia, em harmonia...

E se usarem uma lupa, verão que nos pontos estão também escritos os nomes daqueles que estiveram presentes numa qualquer altura da minha vida. Hão-de reparar que os gravei em talha doirada.

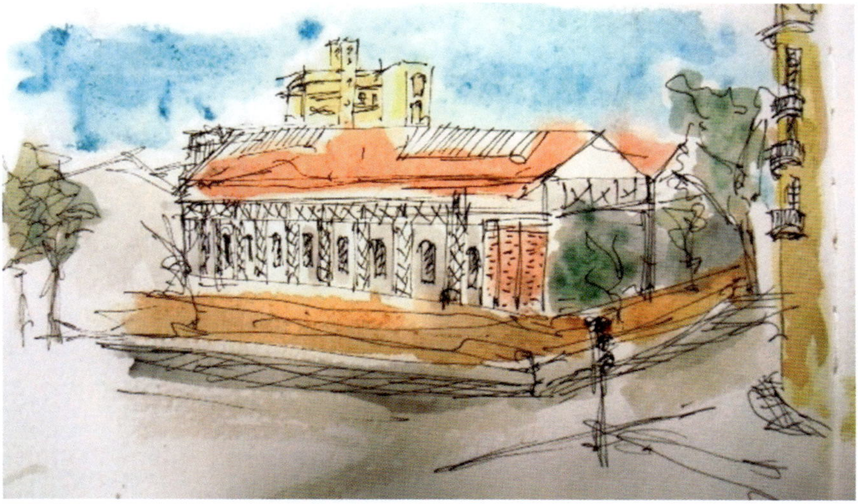

14 LÁGRIMAS

Não, meu pai, não são lágrimas,
nem saudades,
nem a dor de ter partido,
nem tampouco a raiva por existir morte...
É somente o desejo que estivesse aqui...

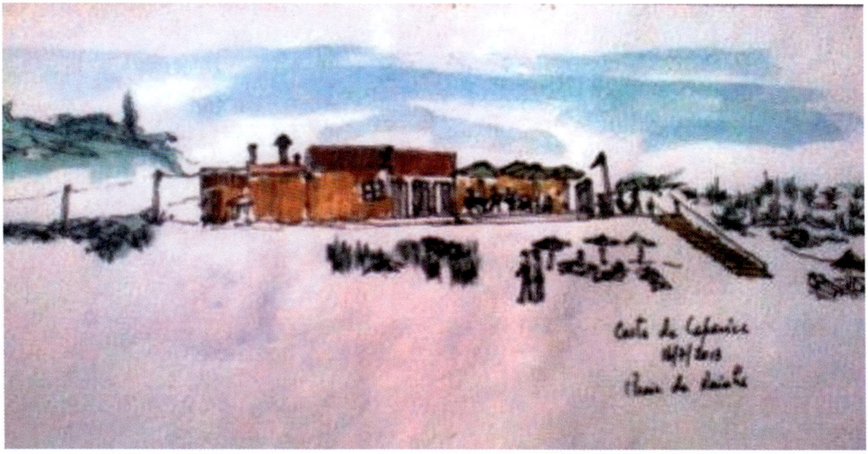

15 VIDA

A morte é... a morte.
Nada se lhe afigura
Que dela nada se sabe.
É negra figura,
É má sorte
É afiada como sabre...
Mas isso é de somenos!
É a vida que importa!
É a vida a porta
Para a convivência
Para o sorriso,
Para a ausência de siso,
Para a permanência...
Antes daquela casa
De negra asa:
A que dá guarida
Após o último suspiro
E cheia de luz mortiça,
É que eu respiro
E evito que seja perdida
Esta que eu amo: a Vida!

Escritos da Coisa

16 ÚLTIMO DIA

Se hoje fosse o meu último dia,
sorriria e agradecia-vos toda a amizade,
cumplicidade e companheirismo.
Agradecia-vos todos os sorrisos que me fizeram dar,
Todas as lágrimas que me enxugaram,
todos os abraços que me deram...
Levava comigo as paisagens e lugares de passeio,
as gentes desconhecidas com quem falei,
o cheiro da terra molhada e o aroma do alecrim...
Memorizava as cores das flores, das borboletas,
da espuma do mar e o vaivém das marés...
guardava nas recordações o canto dos pássaros,
o nascer e o ocaso do sol,
o amor vivido
e o olhar das minhas filhas.
Se hoje fosse o meu último dia,
fazia de cada segundo uma hora e de cada hora um dia
 e enchia-o das memórias que me acompanham e pedia-vos simplesmente
 para recordarem, rindo, a maneira alegre com que levo a vida.
Pedia-vos que se reunissem e me lembrassem num brinde à vida.
Que sorrissem pelas judiarias que faço, pelas partidas que prego e pelo amor e amizade que vos tenho.
Se hoje fosse o meu último dia...

Escritos da Coisa

17 FOLHADOSA

Fui ver locais de chegada
Que de partida se tornaram.
Recordei caminhos percorridos...
Abraçou-me o frio e a geada,
Lembrei-me do tudo e do nada.
Meus primeiros passos aqui se ensaiaram...
Passeios de mão dada com o simples e o eterno,
Descobertas de mundos imaginários...
Simplicidades abraçadas pela inocência.
Laços familiares enfeitam o caminho.
Lápides de pedra relembrando o passado.
Calor humano de chama verdadeira.
Sinto na alma o teu chamamento...
Ah! Aldeia serrana de pedras seculares!
Ventre bendito de meus valorosos pares.
Cicatrizes interiores de gente sofrida,
Faces sinceras anunciando gente bendita,
Terra de nascimento de paternos familiares...
Aldeia testemunha de teu nascimento, meu pai.
Terra formosa, laboriosa, granítica, agreste...
Gentes serranas, nobres, resistentes, orgulhosas...

Folhadosa...Terra formosa...

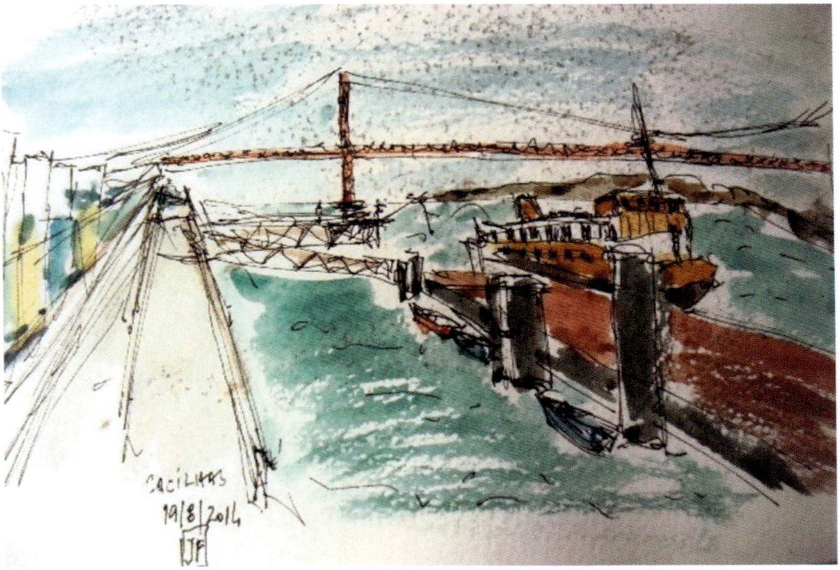
CACILHAS
19/8/2014
JF

18 GOVERNAÇÃO

São impostos a aumentar
e outros acrescentados...
Os que não souberam governar
porque não estão nos tribunais sentados?
Seja velho ou novo,
tenha fome ou sede,
paga se fizer parte do povo,
que os outros não cabem nessa rede.
Com falinhas mansas
e sorrisos ensaiados,
ferem-nos os impostos como lanças
e nos tribunais nunca estarão sentados!
São os nossos políticos de governos sucessivos.

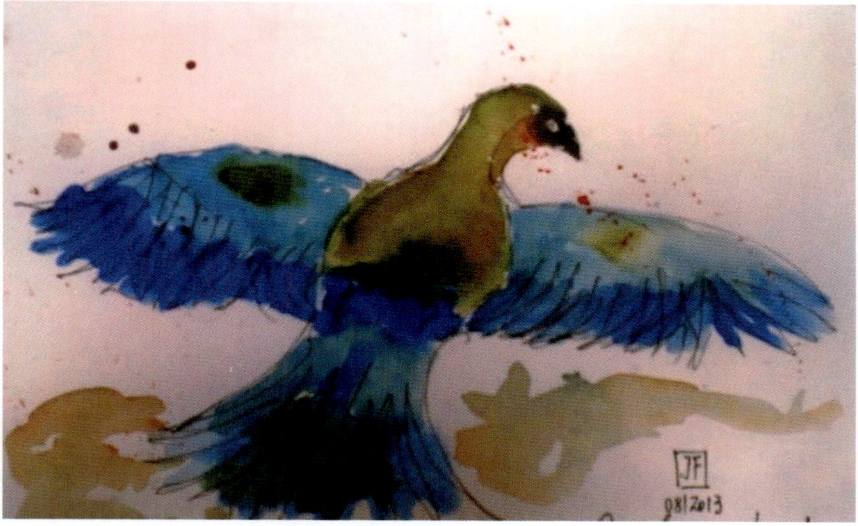

19 ÁRVORE

Como morto,
quedou-se na areia
um tronco de árvore
que já teve folhas verdes e cobre.
Hoje protege-o a areia, do frio da maresia.
É um tronco velho, que sem respirar ainda embeleza o mundo.
As árvores não morrem... renascem em silêncio.

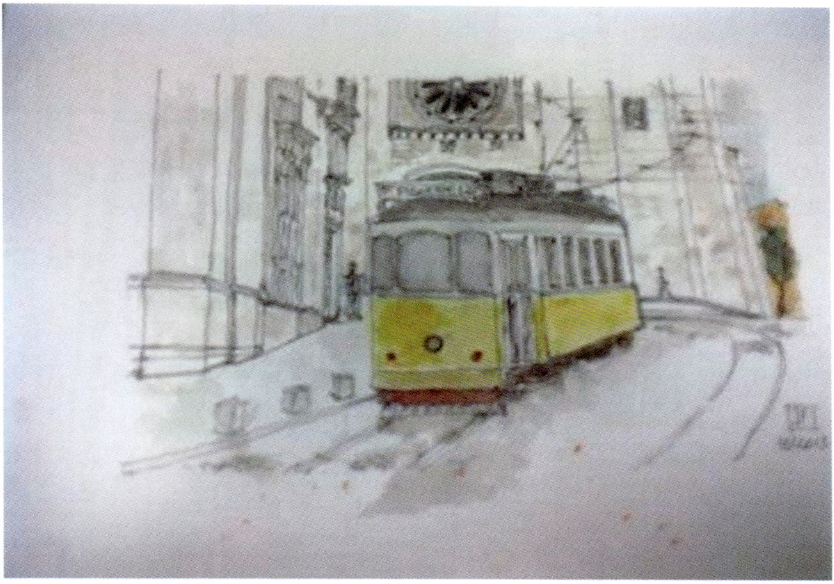

20 FORÇAS

Não sei forças nos unem
ou que ventos nos empurram,
nem que estrelas nos iluminam
ou que sombras nos refrescam.
Não sei porque somos assim:
ligados por um cordão indestrutível
e cheio de imensidões...
Só sei que as cores da alvorada são as paredes dos nossos corpos
e o esconderijo dos nossos beijos.

Escritos da Coisa

21 TEMPO

Solta-se o fogo
dos corpos loucos
em labaredas cheias de cor
e o oxigénio que o alimenta
é de fonte sem fim.
E o tempo parou!

Largo do Chiado

22 LIBERDADE

Quero liberdade para sonhar,
Para lutar por quem amo
pelo que amo,
e pelas vontades que me acalentam.
Quero sentir na face,
no corpo,
na alma,
o poder de escolher os meus risos,
os meus sorrisos
e até as minhas tristezas.
Quero liberdade,
Porque sou de espírito livre,
de pensar
e de sonhar...
Liberdade... amanhã cá te espero!

Escritos da Coisa

23 UTOPIA

Não há sonhos desfeitos; só realidades distorcidas!
Não há sonhos por realizar; só realidades incompletas!

Os sonhos são pedaços de vida inseridos em realidades de intervalos de tempo efémeros.

Meras utopias, talvez...

Escritos da Coisa

24 MENINO POBRE

Deixa-me dizer-te, menino pobre,
Que a minha revolta é brutal!
Não porque só comas o que sobre,
Mas porque te forçam a tanto mal...

E se me revolto, indigno e grito
De raiva e dilacerante horror,
É porque te sinto sofredor, aflito,
Perdido, sem sorte, sem amor...

Deixa-me dizer-te, menino esfomeado,
Que me salta o sangue das artérias
Por te saber assim: só, abandonado...
No inferno onde vives (?) tais misérias...

E como eu odeio o mundo onde habito
Pelo que de tanto mal te força a ter!...
Por te obrigarem a estar, menino bendito,
Aí, onde a morte é mais digna que o viver!

Escritos da Coisa

25 SONHO DE MENINO

Ele relembra sonhos de menino, daqueles com final feliz.
Ele, porque já tem aniversários que não lhe cabem no corpo, sonha com aventuras na ilha mágica e voa por cima das árvores.
E ela observa-o orgulhosa pelo seu feito.
Ele chamou-a docemente e ela sorriu batendo as asas...
E a Sininho voou ao seu encontro...

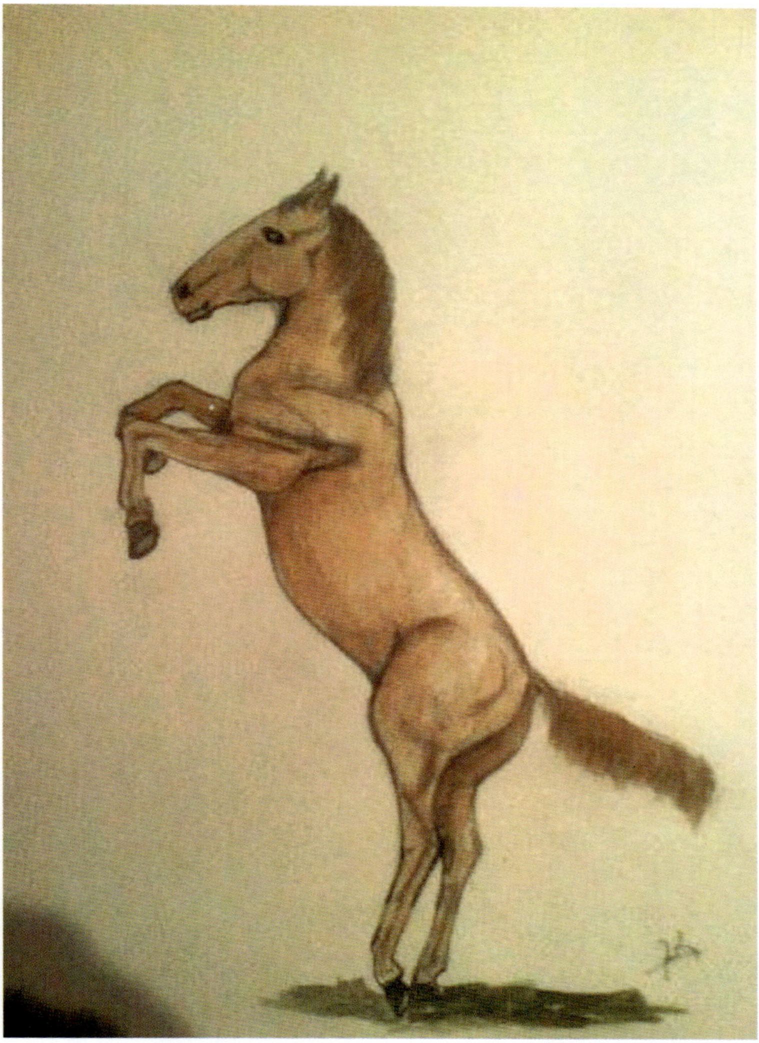

26 VIDA

Decidiu roubar o tempo e fazer com que deixasse de avançar.
Sentia-se bem assim, entre a juventude e a velhice.
Embrulhou-o em papel celofame, de cor exclusiva só para ele.
Qualquer dia embrulhava as estrelas, também, para as ver quando já visse mal ao longe.
São as cataratas da vida...

Escritos da Coisa

27 MOMENTOS

Calmo, sereno...
Assim está o mar que rodeia o homem velho.
Tem agora, apesar das maleitas da visão, uma maturidade e sensibilidade maior para apreciar as cores e os sons.
O tempo parece-lhe mais amigo e, com a certeza da morte, aprecia melhor o que lhe é oferecido pela Mãe Vida.
Devagar saboreia os ventos e as gotas da chuva. o Sol é seu amigo e o Luar sua companhia no leito.
Momentos em forma de coração.

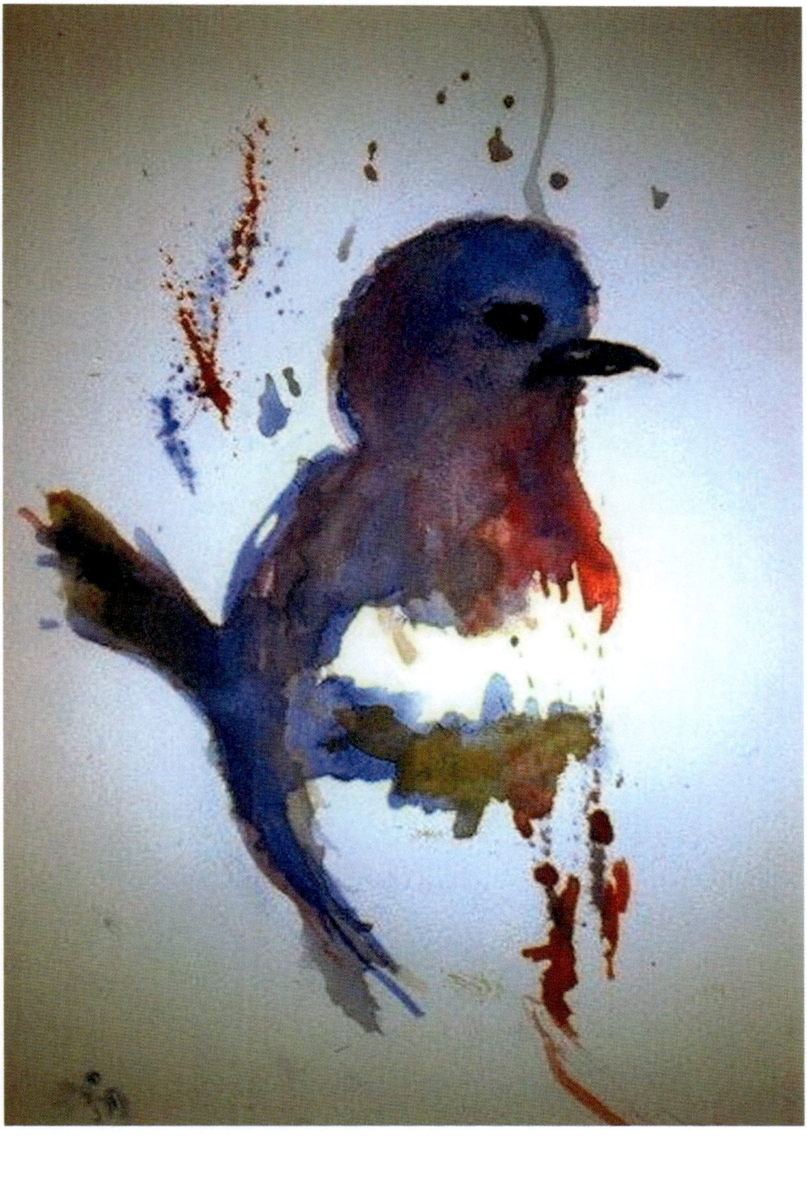

28 CAVALO

O tempo é um cavalo que galopa sem parar. É linear e compassado, como os passos de um andor.

A sua canção é de harmónica simples. Se o labor nos rouba tempo, jele - o tempo - não mostra compaixão pelo que se passou numa via paralela e que fugiu ao conhecimento.

O tempo é certeza de que não se vive dois acontecimentos em simultâneo.

Por isso o homem velho, sentido o galope sem freio, chorou pelo que não pôde ver.

Escritos da Coisa

29 ÁGUA

E a água da fonte matou-lhe a sede;
E as árvores deram-lhe sombra;
E a chuva lavou-lhe a alma;
E o rio refrescou-lhe o corpo;
E o sol bronzeou-lhe a pele;
E o velho reformado contava os minutos desse sonho de menino, naquele solitário banco de jardim...

Escritos da Coisa

30 NOVOS MUNDOS

E o menino foi á descoberta de novos mundos, nos terrenos da imaginação.
Descobriu rios de águas límpidas, montanhas pintadas de verde vivo, animais que falavam a linguagem da inocência, vales resplandecentes e aves canoras de cores vivas.
Descobriu uma cabana na árvore e dela avistava a amizade.
E o menino não quis acordar desse seu sonho azul marinho.

Escritos da Coisa

ACERCA DO AUTOR

Talvez o tempo seja uma substância imaterial.
Talvez seja um pedaço de névoa que nos acompanha no dia a dia, inexorável.
Em 50 anos já conheci o amor, o desamor, a ira, a moderação, a tristeza, a alegria...
Já magoei, fui magoado, amei, fui amado, conheci a indiferença, o calor do reconhecimento, a amizade, a raiva alheia...
Em 50 anos damo-nos conta que já começamos a ser alguém.
Não sou Doutor, Engenheiro, Arquiteto, Físico... apenas tento ser Senhor, estatuto que não consegui ainda atingir, pois esse patamar pertence somente à excelência.
Tenho vivências ímpares, amizades de valor incalculável...
Sou pai, já plantei árvores de fruto e outras, já semeei, plantei, desenhei, escrevi poemas, quase todos medianos ou menos, já deixei lágrimas molharem o solo junto aos meus pés, já dei gargalhadas sonantes...
Já tive fartura e já senti o valor da fome.
Obrigado a todos vós por estes anos maravilhosos; afinal, sem vós, seria um vazio nesta passagem pela vida.
Sou tudo e nada, sou, convosco, uma alma cheia de coisas bonitas.
Sou, afinal, um simples mortal!

Printed in Germany
by Amazon Distribution
GmbH, Leipzig